CAGOTISME ET LIBERTÉ,

OU

LES DEUX SEMESTRES,

REVUE DE L'ANNÉE 1830, EN DEUX PARTIES,

PAR MM. DUVERT, ERNEST ET ÉTIENNE,

REPRÉSENTÉE, POUR LA PREMIÈRE FOIS, SUR LE THÉATRE NATIONAL DU VAUDEVILLE, LE 31 DÉCEMBRE 1830.

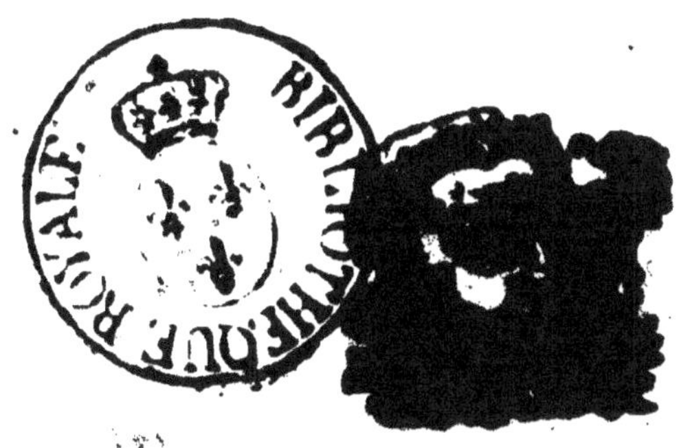

PARIS.

J. N. BARBA, LIBRAIRE,

[illegible] COUR, DERRIÈRE LE THÉATRE-FRANÇAIS.

[illegible]

PERSONNAGES.	ACTEURS.
L'AURÉOLE, rédacteur en chef de l'Histoire.	M. Lepeintre jeune.
PLUMEVILE, auteur de circonstance.	M. Lepeintre aîné.
FIGARO.	*Idem.*
PROCUSTE-DELEATUR-BIFFARD, censeur.	M. Fontenay.
BASILE.	M. Derouvère.
MATHIEU LAENSBERG.	*Idem.*
UN POSTILLON.	M. Lafont.
MICHEL, imprimeur.	*Idem.*
POLYCARPE, garçon de bureau de l'Histoire.	M. Armand.
UN ARMURIER.	M. Théodore.
UN MARCHAND DE TABLEAUX.	M. Prosper.
UN CRIEUR.	M. Cassel.
SAINT SYLVESTRE.	M. Émilien.
BONAPARTE.	Le petit Lepeintre.
ROBESPIERRE.	Le petit Geoffroy.
ZÉPHIRINE, danseuse de l'Opéra.	Mlle Clara.
LA LIBERTÉ POLITIQUE.	Mme Albert.
LA LIBERTÉ DES THÉATRES.	Mlle Willmen.
L'ANNÉE 1830.	Mme Lacase.
L'ANNÉE 1831.	Mlle Atala.
UNE PARFUMEUSE.	Mlle Augusta.

IMPRIMERIE DE E. DUVERGER,
Rue de Verneuil, n. 4.

CAGOTISME
ET LIBERTÉ.

PREMIÈRE PARTIE.

Le théâtre représente le bureau de l'Histoire, à gauche du spectateur, une table couverte de registres et de cartons.

SCENE PREMIERE.

L'AURÉOLE, POLYCARPE.

L'AURÉOLE.

Allons, allons, mon garçon, alerte!... nous sommes en retard pour le premier numéro de notre journal... Il devait paraitre à la fin de juin... Nous voilà en juillet...

POLYCARPE.

Du moins vous ne craignez point que vos abonnés se plaignent, puisque vous n'en avez pas.

L'AURÉOLE.

Nous en aurons, mon garçon, nous en aurons! Un journal intitulé *l'Histoire*, qui se publie de six mois en six mois, qui contient les faits et gestes de chacun, tous les événemens du semestre... Quelle bonne fortune pour le lecteur! C'est un *memento*, un résumé de la vie politique et littéraire de la France... des matériaux pour nos historiens futurs... et ils en auront besoin, mon ami; car notre temps tourne si fort à la capucinade, que la véritable lumière, la lumière de l'histoire, risquerait sans moi de rester sous le boisseau... Où allons-nous? où allons-nous?

AIR du Verre.

Chez nous on proscrit le savoir,
Et des frères de l'ignorance
L'incommensurable éteignoir
Est suspendu sur notre France.
Grace à moi, de la vérité
Tous nos neveux pourront s'instruire;
On me lira dans la postérité,
Si la postérité sait lire.

N'importe, songeons d'abord à mes contemporains; c'est le

plus pressé... l'avenir peut attendre... il faut absolument paraître demain... La dernière épreuve est-elle venue?

POLYCARPE.

Voilà justement l'imprimeur qui l'apporte.

SCENE II.

POLYCARPE, L'AURÉOLE, MICHEL.

MICHEL.

Air du Vétéran.

Le garçon imprimeur
Est piocheur;
Si l'dimanche il n'fait rien,
C'est très bien,
L'lundi c'est la mêm' chose;
Mais l'mardi
Il faut bien qu'il se repose
Du lundi!..
Tra la la la....

Je vous salue, monsieur l'Auréole!... Nous n'attendons plus que le bon à tirer pour mettre sous presse.

L'AURÉOLE.

Il est temps...

POLYCARPE.

A propos, j'ai oublié de vous remettre ces lettres...

L'AURÉOLE.

Encore quelque réclamation! (*après avoir parcouru.*) C'est un brave colonel qui me prie d'annoncer dans mon journal qu'il vient de faire communier son régiment.

MICHEL.

Tiens, c't événement.

L'AURÉOLE, *décachetant une autre lettre.*

Voyons. (*lisant.*) « Je vous prie de ne pas parler de mes anciennes opinions politiques, que je désavoue hautement aujourd'hui, et dont je ne cesse de demander pardon à Dieu. *Signé* le marquis... » J'en suis fâché; mais vérité, impartialité.

MICHEL.

En v'là une dure!... il demande pardon à Dieu d'avoir été libéral!... C'est juste, puisque notre curé nous a dit encore dernièrement que tous ceux qu'étaient pas pour le ministère, frrr... dans la grande poêle... en friture pour l'éternité.

Air du Vaudeville de l'Apothicaire.

Du ciel nous voilà donc proscrits!
Sur son salut chacun s'alarme;
Pour nous fermer le paradis
Ils font de saint Pierre un gendarme.
Les libéraux, quoiqu' vrais croyans,
Sont, dit-on, rayés de la liste;
Il parait que depuis quinze ans
Le bon Dieu s'est fait royaliste.

L'AURÉOLE.

Je n'entre pas dans ces détails-là... Dieu est libre... Mais si monsieur le marquis a été libéral autrefois, l'histoire en parlera; je connais mon devoir... Vérité, impartialité. (*à Polycarpe qui lui présente un pâté.*) Qu'est-ce que c'est que ça?...

POLYCARPE.

Un pâté qui accompagnait cette lettre.

L'AURÉOLE.

Beau pâté!... Dis donc, Polycarpe... ça peut lui faire du tort à cet homme de rappeler ses anciennes opinions... Il a peut-être une place...

POLYCARPE.

Il en a peut-être deux.

MICHEL.

Il en a peut-être trois.

L'AURÉOLE.

Au fait, c'est un marquis... il en a peut-être quatre : nous nous tairons.

MICHEL.

Mille tonnerres!

L'AURÉOLE.

Mon ami, ça tient à des considérations que vous ne pouvez comprendre.

MICHEL

Je les comprends très bien, au contraire; mais je ne pourrai jamais digérer ça.

L'AURÉOLE.

Vous ne le digérerez pas non plus... Allez, mon ami; voici justement une visite qui m'arrive : vous reviendrez plus tard reprendre l'épreuve.

MICHEL, *en sortant.*

Corbleu! et il appelle ça de l'histoire, vérité, impartialité... belle vérité qu'on étouffe avec des pâtés!

SCENE III.

L'AURÉOLE, POLYCARPE, BIFFARD.

BIFFARD, *entrant.*

AIR : *Comme il m'aimait !*

En ai-j' coupé ! (*bis.*)
C'est une fonction bien dure ;
En ai-j' coupé !
A rogner sans cesse occupé,
Je suis membre de la censure.

L'AURÉOLE, *à part.*

Je l'prenais pour un pédicure.

BIFFARD.

En ai-j' coupé ! (4 *fois.*)

Oui, monsieur, vous voyez devant vous le célèbre Procuste-Deleatur-Biffard ; je suis censeur, et je m'en fais gloire.

L'AURÉOLE.

Il n'y a pas de quoi.

BIFFARD.

Comment ! il n'y a pas de quoi ? Seriez-vous au nombre de ces esprits endurcis dans l'erreur qui nient les services immenses que nous rendons tous les jours à la monarchie ? détrompez-vous, monsieur.

AIR : *Moi, je flâne.*

La censure
Seule est sûre
Pour gouverner, je l'assure ;
La censure
Sans blessure
Guérit le mal
Libéral.

Pour la France quel danger !
Sans sa surveillance utile,
On chant'rait au Vaudeville
Jusqu'aux r'frains de Béranger ;
Et foulant toutes les règles,
En raillant les fleurs de lis,
Vous parleriez de vos aigles
Et des soldats d'Austerlitz.
La censure, etc.

Faut-il dans ses fonctions
Tourmenter un ministère,
Et laisser faire au parterre
D'insolent's allusions?
Chacun se sert de ses armes;
Protectric' des droits sacrés,
C'est l'égide des gendarmes,
Des préfets et des curés.
La censure, etc.

C'est un énorme attentat!
Quoi!... vos esprits indociles
Signalent des imbéciles
Jusques au conseil d'état!
Pour répondre à cette ligue,
Faut-il écrir' tous les jours?
Une plume se fatigue;
Des ciseaux, ça va toujours.
La censure, etc.

POLYCARPE, *à part.*

Qu'est-ce qu'il nous chante là?

L'AURÉOLE.

Qui me procure l'honneur de votre visite? J'entends... monsieur désire qu'on parle de lui dans l'histoire.

BIFFARD.

Au contraire, je vais me marier, et ces journaux sont si indiscrets... je viens vous prier de n'en point parler.

L'AURÉOLE.

J'entends... un mariage secret!

BIFFARD.

Non; mais j'épouse une artiste de l'Académie royale.

L'AURÉOLE.

J'entends... comme qui dirait une danseuse.

BIFFARD.

Oui, une passion, une folie, un coup de tête, et puis elle est riche.

L'AURÉOLE.

J'entends parfaitement.

BIFFARD.

Et vous comprenez que pour un homme comme moi, essentiellement monarchique... ce titre de danseuse; mais... ah! mon Dieu! c'est sa voix...

(*Il va s'asseoir près de la table, et tourne le dos à Zéphirine.*)

SCENE IV.

LES MÊMES, ZÉPHIRINE. *Avant son entrée, l'orchestre joue les premières mesures de l'air du Zéphir.*

ZÉPHIRINE.

AIR : *De cet amour vif et soudain.*

Hélas! qui me délivrera
De cet état qui m'importune?
Comment donc faire à l'Opéra
Et mon salut et ma fortune?
Quel embarras!... voyez un peu,
Quand il me faut dans la Muette,
Élever mon ame vers Dieu
En faisant une pirouette?

Bonjour, mon cher l'Auréole; enchantée de vous voir. Avez-vous eu l'extrême bonté de parler de mon succès dans Manon Lescaut?

L'AURÉOLE.

Belle dame, c'est un devoir.

ZÉPHIRINE.

Eh bien! mon digne ami, vous pouvez me compter au nombre de vos abonnées.

POLYCARPE, *à part.*

Ça en fait toujours une.

L'AURÉOLE.

Vous entendez, Polycarpe; inscrivez mademoiselle sur le registre des abonnemens. Mademoiselle Zéphirine... c'est au Z.

POLYCARPE.

Il paraît que nous commençons par la queue; quand serons-nous à l'A?

ZÉPHIRINE.

Mon ami, je m'abonne à votre journal; mais je vous demanderai la permission de ne pas le lire: vous y traitez des matières profanes. (*changeant de ton.*) Ce cher l'Auréole, il a dit du bien de moi.

L'AURÉOLE.

Nous nous connaissons depuis si long-temps, charmante danseuse! je vous ai vue en maillot.

ZÉPHIRINE.

Ah! j'ai eu une jeunesse bien orageuse.

BIFFARD, *à part.*

Qu'a-t-elle besoin de parler de cela?

ZÉPHIRINE.

J'ai passé mes jours au sein des plaisirs; aussi maintenant c'est dans l'austérité de la retraite que je veux... (*Elle fait quelques pas.*)

L'AURÉOLE.

Comment! jeune et jolie comme vous l'êtes, vous donnez dans la dévotion?

ZÉPHIRINE.

Que voulez-vous? il le faut bien; d'abord c'est bon ton aujourd'hui, même au théâtre, et puis j'y ai un penchant secret... ce qu'on appelle une vocation. (*Elle danse.*)

L'AURÉOLE.

Je crois qu'elle est folle! Est-ce qu'elle répète son rôle de Nina?

ZÉPHIRINE.

Mais comme me l'ont dit mes deux directeurs de conscience, le père Basile et le frère Jozon, il me sera beaucoup pardonné, car j'ai beaucoup aimé.

BIFFARD, *à part.*

C'est fort agréable à entendre.

ZÉPHIRINE.

Oui, mon ami, je renonce au monde.

L'AURÉOLE.

Vous!... Voyez les mauvaises langues, on m'avait dit que vous alliez vous marier.

ZÉPHIRINE.

Ah! mon Dieu! vous le savez déjà; ah! par pitié, par grace! mon cher l'Auréole, n'en dites mot dans votre journal.

L'AURÉOLE.

Pourquoi?

ZÉPHIRINE.

Je me marie, c'est vrai; mais par raison, par contrition, j'épouse... (*d'un air mystérieux.*) un censeur.

L'AURÉOLE, *désignant Biffard.*

Chut!...

ZÉPHIRINE.

Que vois-je? monsieur Biffard! Comment! vous auriez entendu?...

BIFFARD, *se levant d'un ton mielleux.*

Oui, chère amie, j'ai tout entendu, et je vous approuve. Au fait, à quoi bon ébruiter ses affaires domestiques? On se marie, c'est pour avoir...

ZÉPHIRINE.

Un nom.

BIFFARD.

De l'aisance.

ZÉPHIRINE.

Pour donner un père à ses enfans; serez-vous bon père?

BIFFARD.

Et bon époux.

AIR de la Vieille.

Ah! quel ménage délectable!

ZÉPHIRINE.

Chacun pourra vivre à son gré.

BIFFARD.

C'est entendu....! femme adorable!

ZÉPHIRINE.

Heureux époux!...

BIFFARD.

Je le serai.

ZÉPHIRINE.

Liberté pleine!

BIFFARD.

Et bonne table.

ZÉPHIRINE.

Un appartement séparé. (*bis*).
Quel sort heureux bientôt sera le nôtre!
La liberté! c'est mon vœu, c'est le vôtre.

BIFFARD.

Oui nous vivrons tous les deux l'un pour l'autre.

ZÉPHIRINE.

Chacun chez nous...

BIFFARD.

Mon désir est le vôtre.

ENSEMBLE.

C'est le bonheur ainsi que je l'entends,
C'est un ménage du bon temps!

ZÉPHIRINE.

Ah! c'est charmant; je raffole du bon temps ; on avait de la religion alors.

L'AURÉOLE.

Même air.

A ce bon temps, je dois le croire,
La France revient chaque jour ;
Je l'ai consigné dans l'histoire ;
Enfin, la voici de retour,
Cette époque où, faute de gloire,
Nous avions la messe et l'amour!
Le siècl[illegible] Pompadour ;
Les cour[illegible] ont la toute-puissance,
En se t[illegible]ant ils parlent d'abstinence.
Le sacristain reprend son insolence;
La crosse enfin est le sceptre de France!
Vienne un édit contre les protestans,
Voilà la France du bon temps.

ZÉPHIRINE et BIFFARD.

Vive la France du bon temps!

SCENE V.

L'AURÉOLE, PLUMEVILE, ZÉPHIRINE, BIFFARD.

PLUMEVILE, *entrant.*

Vive la France du bon temps! je suis bien de votre avis, mes bons amis.

L'AURÉOLE, *à part.*

Au diable! l'autre à présent. (*haut.*) Polycarpe, il faut que j'aille à l'imprimerie; va chercher mon barbier.

PLUMEVILE, *à Biffard.*

Eh! c'est ce cher censeur. (*saluant Zéphirine.*) Belle dame... (*à l'Auréole.*) Eh! bonjour, mon bien bon ami! (*l'embrassant.*) Fé icitez-moi tous, je viens de composer une pièce étincelante de patriotsme.

BIFFARD.

De patriotisme!

PLUMEVILE.

Oui, pour la fête de notre bon roi, pour notre bon Charles. Ah! mon ami, il y a dedans des couplets (*à Biffard.*) qui ne craignent pas votre encre rouge. (*à l'Auréole.*) Vous en parlerez, n'est-ce pas?

ZÉPHIRINE.

Et quel est l'heureux théâtre?

PLUMEVILE.

Je l'ai présentée au Vaudeville.

L'AURÉOLE.

Ah!

PLUMEVILE.

On l'a refusée.

BIFFARD.

Bah! une pièce pour...

PLUMEVILE, *en riant.*

Oui, mon ami, oui, on l'a refusée. C'est fort drôle, n'est-ce pas?

L'AURÉOLE.

Eh bien! il fallait la porter aux Variétés.

PLUMEVILE.

C'est ce que j'ai fait... tout de suite... Oh! mon ami... ils en ont été enchantés... ravis! C'étaient des transports... mais ils en avaient une.

ZÉPHIRINE.

Alors, au théâtre de Madame.

PLUMEVILE.

Ils en avaient deux.

L'AURÉOLE.

Ce pauvre Plumevile... a-t-il du malheur!

PLUMEVILE.

Moi, pas du tout... qu'est-ce que ça me fait?... j'y mettrai un cheval et quelques coups de fusils... et les frères Franconi me joueront ça comme des petits anges... qu'est-ce que je veux, moi?... qu'est-ce que je veux?... quel est mon but, mon désir, mon ambition? prouver mon dévouement à l'auguste famille! Ce n'est pas l'intérêt qui me fait agir, moi, mon ami, fi donc!... d'abord, depuis l'année dernière ne se sont-ils pas avisés de supprimer la gratification de cinq cents francs et de nous donner des médailles qui ne pèsent que cent soixante francs! nous sommes volés, mon ami, nous sommes volés...

L'AURÉOLE, *avec ironie.*

C'est abominable.

PLUMEVILE.

Qu'importe? quand c'est par amour, par dévouement!... j'avoue que du temps de l'empire, c'était mieux payé... j'avais mille francs... et puis il y avait plus de variété dans les noms de batailles... au lieu qu'aujourd'hui, toujours le Trocadéro, toujours le Trocadéro... C'est un peu monotone, et puis le public qui siffle.

BIFFARD.

Comment il oserait?

PLUMEVILE.

Très bien. Oui, mon ami, il ose siffler... ils ne comprennent pas...

L'AURÉOLE.

Eh bien! il n'en faut plus faire!

PLUMEVILE.

N'en plus faire!... n'en plus faire! ne plus chanter mes augustes maîtres... Mais, mon ami... je mourrais.

ZÉPHIRINE.

De faim?...

PLUMEVILE, *voulant prendre un air de dignité.*

Par exemple! Dieu merci, je n'ai pas besoin de cela pour vivre... n'ai-je point mes articles de journaux... nouvelles de la cour... n'ai-je point mes chansons pour les Champs-Élysées? quel débit... et quel tableau!

AIR de Marianne.

Près de la piquette qui coule,
Un distributeur breveté
Sans relâch' bombarde la foule
Des bienfaits de la royauté.
Les saucissons
Et les chansons
Pleuvent sur eux par morceaux, par tronçons;
Avec bonheur
Le peuple en chœur
Chante en l'honneur
Du roi restaurateur;
Puis le lendemain de ces fêtes,
Quand les convives sont debout,
La préfecture solde tout,
Charcutiers et poëtes.

L'AURÉOLE.

C'est un joli métier... Mais enfin pour vivre...

PLUMEVILE.

N'ai-je point encore mes mots historiques? (*changeant de ton.*) Tiens! à propos de mots historiques... mon bien véritable ami... il faut que je vous en fournisse à vous, qui faites de l'histoire... Ce cher l'Auréole... comme il est engraissé!...

L'AURÉOLE.

Que vous me fournissiez des mots historiques?...

PLUMEVILLE.

A un prix raisonnable, mon ami...

L'AURÉOLE.

Je ne vous comprends pas...

PLUMEVILLE.

J'en ai l'entreprise pour mes contemporains.

ZÉPHIRINE.

C'est une singulière spéculation...

PLUMEVILLE.

Excellente! ma chère dame, excellente! Que faut-il aujourd'hui pour rendre un homme, un prince, un roi tout-à-fait populaire...? quelques mots saillans d'à-propos, de ces mots qui partent du cœur... Je les fais très bien, les mots qui partent du cœur.

L'AURÉOLE.

Vraiment?

PLUMEVILLE.

J'en ai composé pour certain personnage qui, je crois, ont eu assez de succès, je m'en flatte. *Plus de hallebardes!... Il n'y a en France qu'un Français de plus.*

L'AURÉOLE.

Comment! ce serait vous?... pas possible... Je les ai enregistrés dans l'histoire.

PLUMEVILLE, *prenant le ton d'un escamoteur.*

Eh bien! s'il existe en France un seul individu, fut-il prince, membre de la chambre haute ou commissaire de police, qui ose dire l'avoir entendu prononcer à la personne, et qui l'affirme sur l'honneur; (*tirant de sa poche une pièce de cinq francs.*) je lui donne *cinque* francs. Qui est-ce qui veut gagner *cinque* francs? (*montrant son front.*) Tout est sorti de là...

BIFFARD.

Ce serait vous!

PLUMEVILLE.

Je sais bien qu'on les a attribués à un autre... mais ils sont de moi, vous dis-je...

L'AURÉOLE.

Cependant permettez... il me semble que: *Plus de hallebardes!* ça n'a rien que de très ordinaire... tout le monde en dirait autant...

PLUMEVILLE, *vivement.*

Pas lui!... vous ne le connaissez pas...

ZÉPHIRINE.

Quoi!... vous les lui avez soufflés?...

PLUMEVILLE.

Du tout... je les ai mis dans mon journal, et le lendemain tout Paris les a répétés... On m'en fait des commandes pour les grandes occasions.

L'AURÉOLE.

Je tombe de mon haut!...

PLUMEVILLE.

Réfléchiss[illegible] vous voyez que je puis vous aider dans la composition de l'histoire.

AIR : *Tout comme a fait mon père.*

Je vous fournis, c'est arrêté,
Pour des prix raisonnables,
De ces mots remarquables
Qui vont à la postérité,
Mots pittoresques
Et gigantesques,
Je fais surtout les mots chevaleresques,
Ces mots éminemment français;
Ecrivez d'abord, puis après
A vos héros
Je fournirai des mots :
Voilà, veuillez m'en croire,
Comme l'on fait l'histoire,
Voilà (*bis.*) comme on écrit l'histoire.

SCENE VI.

LES MÊMES, POLYCARPE.

POLYCARPE, *à l'Auré*

Monsieur, voilà votre barbier, monsieur Figaro.

PLUMEVILLE.

Figaro!... je ne peux pas me rencontrer avec cet homme-là... Adieu, je vais retenir lecture chez MM. Franconi.

(*Il sort.*)

L'AURÉOLE.

Avez-vous jamais vu un bavard comme celui-là?

BIFFARD.

Un impertinent! qui prétend être l'auteur de ces jolis mots... Ah! il me le paiera à sa première pièce...

L'AURÉOLE.

Allons, à présent, voilà qu'il dispute avec mon barbier!... (*à la cantonade.*) Mais venez donc, mon cher barbier; venez donc, je vous attends.

SCENE VII.

L'AURÉOLE, FIGARO, ZÉPHIRINE, BIFFARD.

FIGARO.

AIR : *Ah! bravo! Figaro!*

Ah! bravo! Figaro!
Bravo!.... bravissimo!
Sur tous les sots il faut crier : haro :
Ah! bravo! Figaro!
Quand ma bile s'allume,
Chacun doit le savoir,
J'écorche avec ma plume
Plus qu'avec mon rasoir!
Barbier journaliste,
Exact annaliste,
J'inscris sur ma liste
Les sots et les fous;
Garde à vous,
Tremblez tous,
Rêveurs politiques!
Jongleurs monarchiques,
Je vous raserai,
Je vous raillerai
Et vous écraserai.
Ah! bravo! Figaro, etc.

L'AURÉOLE.

Pardon, madame, c'est...

ZÉPHIRINE.

Comment, monsieur Figaro! barbier et journaliste!

FIGARO.

Vous le voyez, belle dame... Je fais la barbe à tout le monde, même à mes confrères, quand je le puis.

ZÉPHIRINE.

Vous êtes méchant, mon cher barbier; nous en savons quelque chose à l'Opéra.

FIGARO.

Méchant?... Vous êtes trop indulgente, madame... malin tout au plus. Si nous avons attaqué les jupes longues, c'est dans l'intérêt du public; car enfin si on va à l'Opéra, ce n'est pas uniquement pour entendre.

L'AURÉOLE.

Mon cher Figaro, si vous n'êtes pas méchant, du moins vous êtes mauvais... car vous êtes romantique. (*en riant.*) C'est une épigramme.

FIGARO.

Une épigramme?... allons, allons, soyez vrai, comme l'histoire, et nommez ça une bêtise.

ZÉPHIRINE.

Ah! mon Dieu! comment! vous seriez romantique!

FIGARO.

Pourquoi pas?

Air de Partie et Revanche.

Les classiques, race obstinée,
Du Pinde veulent être rois;
Comme ils sont de la branche aînée,
Seuls ils pensent avoir des droits...
Ah! ce système était bon autrefois.
Le romantisme qu'on rejette
Aura bientôt son tour de royauté;
Croyez que la branche cadette
A bien aussi sa légitimité!...

BIFFARD.

Comment! savez-vous, monsieur, ce que c'est que la légitimité? C'est le mot...

FIGARO.

Le plus vide de sens.

BIFFARD.

C'est la base...

FIGARO.

Du despotisme.

BIFFARD.

La sauvegarde...

FIGARO.

D'un seul contre tous.

BIFFARD.

Le droit...

FIGARO.

De violer les droits des autres.

BIFFARD.

Monsieur, vous êtes un séditieux.

FIGARO.

Monsieur, vous êtes un censeur!... Pardon de l'expression.. mais quand j'entre en colère, j'emploie les gros mots.

BIFFARD.

A-t-on jamais vu?... et c'est un barbier...

FIGARO.

Que vous ne raserez plus, monseigneur.

BIFFARD.

C'est ce que nous verrons.

FIGARO.

C'est ce que nous ne verrons pas.

L'AURÉOLE.

Allons, allons, messieurs.... du calme.

ZÉPHIRINE.

Ah! monsieur Figaro, pouvez-vous maltraiter ainsi ce respectable monsieur Biffard!

FIGARO.

Comment, *povera*!.. vous êtes en relations avec M. Biffard... Où diable avez-vous fait cette pitoyable connaissance?

L'AURÉOLE, *bas à Figaro.*

Une passion....

FIGARO.

Une passion?... qui a commencé?...

L'AURÉOLE, *riant.*

Au théâtre, sans doute?

ZÉPHIRINE, *avec pruderie.*

Non, monsieur, à l'église.

FIGARO.

Bah!.. c'est ordinairement là que cela finit.

BIFFARD.

Oui, monsieur, nous avons tenu sur les fonts de baptême...

L'AURÉOLE.

J'entends!.. un enfant...

ZÉPHIRINE.

Non!.. une cloche...

FIGARO, *riant.*

Une cloche!

ZÉPHIRINE.

Et qui se nomme comme moi, *Augusta Tiennette Zéphirine.* Elle pèse 3,000.

FIGARO.

Eh! eh!.. pour la filleule d'une danseuse, elle n'est pas légère... Ah! ah!..

Air d'Yelva.

O tempora!... C'est là qu'on nous ramène!
Ah! le curé dut être bien content!
Quoi! vraiment vous êtes marraine
Et de la cloche et du battant?
Ah! poursuivons de nos sanglans reproches
De notre foi ces indignes soutiens;
Sans rire ils baptisent des cloches,
En refusant d'enterrer des chrétiens.

ZÉPHIRINE.

Monsieur Figaro, vous vous permettez des observations... Je vois que ma place n'est pas ici... Vous me reconduirez, Biffard.... Adieu, mon cher l'Auréole... vous ne m'oublierez pas. (*bas à Figaro.*) Je me recommande aussi à vous, mon cher journaliste... Devant le monde, il faut bien garder un certain décorum; mais venez me voir... je n'ai pas de rancune.

Air du Zéphir.

Toujours l'Opéra
Charmera,
Fleurira;
A l'avenir c'est là
Que l'on s'édifiera;
En procession
Formant son bataillon,
Notre beau colonel
Nous conduit droit au ciel.

Mais pardon, j'oubliais que j'ai répétition générale.

Toujours l'Opéra
Charmera, etc.

(*Elle fait une révérence et sort en dansant. Biffard la suit en sautillant.*)

SCENE VIII.

FIGARO L'AURÉOLE.

L'AURÉOLE.

Va à tous les diables, maudit censeur.... Allons, mon cher

barbier, puisqu'enfin nous sommes seuls, faites-moi la barbe. (*Il s'assied près de la table à gauche.*)

FIGARO, *lui mettant la serviette.*

Quel honneur pour moi de raser, pommader, barbifier le représentant de l'histoire !

SCENE IX.

LES MÊMES, UN ARMURIER, UN CRIEUR, UN MARCHAND DE TABLEAUX, UNE PARFUMEUSE.

CHOEUR.

AIR : *Tra, la, la.*

Ça n'va plus (*bis.*)
Tous les états sont perdus ;
Ça n'va plus (*bis.*)
C'en est fait! nous somm's perdus.

L'AURÉOLE.

Puis-je savoir, messieurs et mesdames, ce qui me procure l'honneur de votre visite ?

LE MARCHAND.

On nous a dit, monsieur, que vous alliez publier un journal qui dirait la vérité ?

L'AURÉOLE.

Vérité, impartialité... c'est la devise de l'histoire.

LA PARFUMEUSE.

Eh bien! mon cher monsieur... nous venons tous pour vous dire que...

CHOEUR.

Ça n'va plus, etc. (*bis.*)

LE MARCHAND.

Tranquill'ment moi je vendais
Des batailll's et des portraits,
On m'saisit tous mes dessins,
Je n'peux plus vendr' que des saints.
Ça n'va plus, etc.

LA PARFUMEUSE.

Je vendais.... mais pas en gros,
D'l'eau d'Cologne et des blaireaux ;
Maintenant malgré la loi
Mangin veut que j'rest' chez moi.
Ça n'va plus, etc.

L'ARMURIER.

L'armurier est aux abois;
Car not' grand Robin des bois
Prend ses arm's chez les Anglais;
Il craint les fusils français.
Ça n'va plus, etc.

LE CRIEUR.

Je criais du temps d'l'ancien,
Des bull'tins, ça s'vendait bien...
Maint'nant je n'cri' plus, hélas!
Qu'l'ordre et la march' du bœuf gras.
Ça n'va plus, etc.

L'AURÉOLE.

Mes amis... pardon... mais c'est mon barbier... Allez toujours... je vous écoute.

SCENE X.

LES MÊMES, BIFFARD.

BIFFARD, *entrant vivement.*

Eh bien!... savez-vous? il y a des nouvelles.

FIGARO.

Et de bonnes... On parle d'un coup d'état... conseillé par mon ami Basile.

BIFFARD, *à Figaro.*

Et vous en êtes....

FIGARO.

Ravi!..

L'AURÉOLE, *se levant et ôtant sa serviette.*

Un coup d'état!

BIFFARD.

Diable d'homme! le voilà déjà changé... Vous êtes donc des nôtres à présent?

FIGARO.

Mais je suis assez de vos amis pour être content de vous voir vous perdre à force de sottises.

BIFFARD.

Ces sottises-là sauveront la France.

FIGARO.

Je pense comme vous.

BIFFARD.

Au diable!.. Rira bien qui rira le dernier.

SCENE XI.

BIFFARD, FIGARO, BASILE, *un papier à la main*, L'AURÉOLE.

FIGARO.

Tenez, c'est mon compère Basile qui rit le premier.

L'AURÉOLE.

C'est vrai, il rit... il est donc arrivé quelque malheur?

BASILE, *en riant, à l'Auréole*.

Je m'empresse, mon cher frère, de vous apporter les ordonnances qui viennent de paraître... Cela doit figurer dans l'histoire...

L'AURÉOLE.

Quelles ordonnances?

BASILE, *riant*.

La censure est rétablie.

TOUS.

La censure...

FIGARO.

Bravo! nous imprimerons dans les caves, et nous tirerons à vingt mille.

BASILE.

La Chambre est dissoute...

FIGARO.

Bravo! la nation se représentera elle-même.

BASILE.

La Charte est...

FIGARO.

Bravo! tant mieux! que ceux qui nous l'ont donnée la remportent!

BIFFARD.

Vivat! vivat!

L'AURÉOLE, *regardant les ordonnances*.

Je crois que mon second numéro sera plus intéressant que le premier.

BASILE, *prenant Figaro par l'oreille*.

Eh bien! maître Figaro, ferez-vous encore le mutin?

SCENE XII.

FIGARO, BASILE, L'AURÉOLE, MICHEL, BIFFARD.

MICHEL, *en chantant.*

La plus belle promenade,
C'est de Paris à Saint-Cloud !

Voilà vos épreuves.

L'AURÉOLE, *lui remettant les ordonnances.*

Porte vite ça à l'imprimerie.

MICHEL, *les déchirant.*

Ça !... on n'imprime plus...

L'AURÉOLE.

Que fait-on donc ?

MICHEL.

Mais... on chante

La plus belle promenade,
C'est de Paris à Saint-Cloud !

L'AURÉOLE.

Il s'agit bien de chanter !

MICHEL.

Non, mais il s'agit de se battre, et je vais...

L'AURÉOLE.

Malheureux !... et mon journal, il faut qu'il paraisse.

BIFFARD, *prenant les épreuves des mains de l'Auréole.*

Un instant, monsieur de l'histoire, vous ne pouvez plus paraître sans être censuré.

L'AURÉOLE.

Quelle horreur ! la postérité le saura.

BIFFARD, *tirant de longs ciseaux.*

Si nous le voulons bien... Procédons.

MICHEL.

Ah ! çà... est-ce que ces escogriffes croient que parce qu'ils sont les plus bêtes ils sont les plus forts ?

FIGARO.

Je proteste au nom de mes confrères.

MICHEL.

Moi, au nom des miens.

FIGARO.

Vive la Charte !

TOUS.

Vive la Charte !

BASILE, *tirant un bâton de dessous sa robe.*

Ah ! monsieur Figaro, avant d'aller voir le procureur du roi, vous voulez donc régler notre compte...

(*On entend des cris et une vive fusillade.*)

POLYCARPE, *accourant.*

Entendez-vous?... victoire ! victoire !

SCENE XIII.

LES MÊMES, POLYCARPE. (*Il est suivi de gens du peuple; on entend la Marseillaise.*)

POLYCARPE.

Oui, victoire ! Paris tout entier se lève.

L'AURÉOLE.

Comment, Polycarpe ! c'est toi, malheureux !... que fais-tu ?

POLYCARPE.

Je fais de l'histoire comme les autres... Nous vous préparons un second semestre. (*On entend sonner le tocsin.*)

BIFFARD.

Qu'est-ce que c'est que ça ?

FIGARO.

C'est votre filleule qui fait des siennes... elle aura la voix forte... (*s'emparant du bâton de Basile.*) Ah ! Basile, mon mignon, faiseur de coups d'état... si jamais volée de bois vert...

BIFFARD, *laissant tomber des ciseaux.*

Les ciseaux me tombent des mains !

MICHEL, *mettant le pied dessus.*

Et vous ne les ramasserez plus... ramassez-vous vous-même. (*Il lui donne un croc en jambe. Biffard tombe.*)

BIFFARD, *se relevant.*

Que ces gens du peuple sont communs !

(*A peine est-il relevé que Polycarpe lui donne un croc en jambe et le fait retomber.*)

BASILE, *à genoux.*

Grand saint Ignace, priez pour nous !

MICHEL, *allant vers la fenêtre.*

Que vois-je ? le drapeau tricolore !

BIFFARD.

Le drapeau tricolore !... encore une révolution... Eh bien ! je donne l'exemple ; j'émigre ; je vais chercher un pays où l'on ne parle ni de chartes, ni de constitutions, ni de peuple... Qui m'aime me suive !

FIGARO.

Pour le coup, vous n'aurez pas l'air d'une procession... Je ne vous dis pas au revoir, monsieur de la Censure.

MICHEL.

Maintenant, en avant ! allons rejoindre les autres.

AIR : *Marche de la Muette.*

CHŒUR.

Abjurons les alarmes,
Sortons d'un long sommeil ;
Courons, courons aux armes,
Car du peuple c'est le réveil.

FIGARO.

C'est l'astre de juillet qui brille.
Le ciel, pour protéger nos fils,
Nous donn' le soleil d'la Bastille
Et le vieux drapeau d'Austerlitz !

CHŒUR.

Abjurons les alarmes, etc., etc.

(Pendant le chœur, on entend le bruit du canon, des cloches et du tambour. Biffard et Basile se cachent. On apporte et on distribue des armes.)

Tableau animé.

FIN DE LA PREMIÈRE PARTIE.

SECONDE PARTIE.

Le théâtre représente une place publique; sur une maison à droite du spectateur, on voit un écriteau portant ces mots: *Bureau de l'histoire.*

SCENE PREMIERE.

L'AURÉOLE, POLYCARPE.

L'AURÉOLE, *sortant de la maison et à la cantonade.*

Polycarpe, mon ami, apporte ici ma table, mes papiers.

POLYCARPE.

Voilà! voilà!

L'AURÉOLE.

Place ça à ma porte... Je suis bien forcé d'établir mon bureau sur la place publique, puisque c'est là que se traitent aujourd'hui les grandes questions... que se donnent les grands spectacles. En avons-nous vu depuis juillet jusqu'à ce jourd'hui, jour de la Saint-Sylvestre 1830, où mon second numéro va paraître? Je le donne à la France pour étrennes.

POLYCARPE.

Pourvu que la France prenne un abonnement.

L'AURÉOLE.

Bien entendu... Mais qu'est-ce que je vois?

POLYCARPE.

C'est le célèbre Mathieu Lænsberg.

SCENE II.

L'AURÉOLE, MATHIEU, POLYCARPE.

MATHIEU.

AIR : *Oui, toujours, toujours*, etc.

Nostradamus est bien bas!
L'Messager Boiteux expire,
Et la France qui sait lire
N'estime que mes almanachs!
Insensés!
C'est assez!
Vous êtes éclipsés,
Allez, disparaissez,
Vous êtes enfoncés!

Malgré ses savantes études,
Malgré le nom de ses auteurs,

L'Annuaire des Longitudes
N'a pas un seul de mes lecteurs;
Mon nom seul me protége,
Je ne crains nul danger;
Car l'Almanach de Liége
Doit toujours surnager.

Sans avoir d'autre secours
Que ma science infinie,
De tous ceux que l'on publie
Moi je triompherai toujours!
En vain l'on radota
Et l'on me rebuta,
Car le mien dégota
L'Almanach de Gotha!

L'Almanach Royal est en baisse.
On ne peut croire à ses arrêts;
Car de saints il change sans cesse.
Et les miens ne changent jamais:
En styl' d'Apocalypse,
L'an dernier, j'ai tout bas
Prédit certaine éclipse
Qu'il ne prévoyait pas!

Pour cela vingt alguazils
Parlaient de me mettre en cage;
Eh bien! j'ai bravé l'orage,
Me voilà debout... où sont-ils?
Insensés!
C'est assez,
etc., etc.

J'arrive à temps, j'espère, pour faire mes adieux à notre brave année 1830 et débiter mes almanachs aux Parisiens, n'est-il pas vrai, mon cher confrère?... car nous sommes confrères... Seulement, vous faites de l'histoire après coup... Moi, je la fais d'avance...

L'AURÉOLE.

Mais moi, c'est plus sûr!

MATHIEU.

Pas toujours... Et puis, comme c'est commode... par exemple, pour la fin du monde qui doit arriver en 1832, vous n'en pourrez parler qu'en 1833... au lieu que moi!... Mais au fait tout le monde n'est pas sorcier...

POLYCARPE.

Sorcier!...

L'AURÉOLE, *à Polycarpe.*

Allons, ne vas-tu pas croire aussi?...

MATHIEU.

Oui, sorcier, magicien, nécromancien!... D'un coup de ma baguette, je bouleverserais la terre, si je le voulais... Mais le préfet de police me défend de le vouloir... On doute de mon art, et cependant de nos jours les miracles ne manquent pas.

L'AURÉOLE.

Non!... Mais ce n'est pas vous qui les faites.

MATHIEU.

Comment, ce n'est pas moi?... parce que je ne veux pas... Osez me mettre à l'épreuve?... Voulez-vous que pour vos étrennes je vous fasse assister à un tremblement de terre?... que j'ordonne au soleil de s'éteindre?...

POLYCARPE.

Oh non!...

MATHIEU.

Que je change ce jeune homme en cormoran?...

POLYCARPE.

Ah!...

L'AURÉOLE.

Non!... Mais puisque vous êtes en si bonne disposition...

MATHIEU.

Que voulez-vous voir?...

L'AURÉOLE.

Mais quelque chose de beau...

POLYCARPE.

Une femme!

MATHIEU.

En voulez-vous une?... en voulez-vous deux?... Je vais vous montrer les deux plus belles femmes qui existent... Deux Françaises nées à Paris en juillet 1830, dont toute l'Europe est amoureuse et qui seront bientôt les reines du monde!

L'AURÉOLE.

Voyons!

MATHIEU.

(Il fait avec sa baguette plusieurs démonstrations cabalistiques; l'Auréole et Polycarpe paraissent fort étonnés.)

AIR: *L'Enfer vous demande.*

Ne troublez pas le mystère....
Respectez mes saints apprêts!
Et toi, couple tutélaire
Accours à ma voix.... Parais!

(*Regardant à terre.*)

Mon œil les découvre,
Regardez!... déjà
La terre s'entr'ouvre!

(On entend une musique harmonieuse et légère. Mathieu Lænsberg frappe la terre de sa baguette comme pour en faire sortir les Libertés, et c'est du ciel qu'on les voit descendre dans une gloire. Apercevant le nuage qui descend.)

Tiens, les voilà!

Effectivement, ce sont les Libertés... Elles nous viennent du ciel!..

SCENE III.

LES MÊMES, LA LIBERTÉ POLITIQUE, LA LIBERTÉ THÉATRALE.

LES LIBERTÉS.

AIR : *Pourquoi me réveiller?*

Avec sécurité
Accourez tous sous ma bannière;
Le jour qui vous éclaire
Est celui de la liberté.

LA LIBERTÉ POLITIQUE.

Sous d'indignes liens
Vous gémissiez esclaves,
J'ai brisé vos entraves,
Vous êtes citoyens;
Peuple, prends ton essor;
Sévères journalistes,
Orateurs, publicistes,
Voici votre âge d'or!

LES LIBERTÉS.

Avec sécurité,
etc., etc.

LA LIBERTÉ THÉATRALE.

Trop long-temps prisonnier,
Qu'à ma voix le théâtre
Livre au peuple idolâtre
Et Molière et Chénier;
Sur un patron plus neuf,
Thalie et Melpomène
Flagellez sur la scène
Tartufe et Charles-Neuf.

LES LIBERTÉS.

Avec sécurité,
etc., etc.

MATHIEU.

Eh bien! mon cher confrère, croirez-vous à la magie maintenant? Au revoir, il faut que je fasse mes prédictions pour 1831; le temps presse; je vous laisse avec elles... Elles sont plus grandes sorcières que moi... (*il sort.*)

SCENE IV.

LA LIBERTÉ POLITIQUE, LA LIBERTÉ THÉATRALE, L'AURÉOLE, POLYCARPE.

L'AURÉOLE, *à la Liberté politique.*

Quoi! belle dame... vous êtes?...

LA LIBERTÉ POLITIQUE.

La liberté politique.

POLYCARPE.

Elle a l'air d'être d'une bonne constitution, celle-là...

LA LIBERTÉ POLITIQUE.

C'est que je suis née en plein air!

POLYCARPE.

Oh! n'avons-nous pas tous assisté à votre naissance?... Quel tapage!... On n'a pas ménagé les dragées à votre baptême... J'en ai reçu une... dans mon chapeau...

L'AURÉOLE, *à la Liberté politique.*

Mais vous-même n'auriez-vous pas été blessée?

LA LIBERTÉ POLITIQUE.

Non; un peu froissée, seulement, en me réfugiant dans une chambre... une fausse peur...

L'AURÉOLE, *à la Liberté théâtrale.*

Et vous, gentille demoiselle?

LA LIBERTÉ THÉATRALE, *gaîment.*

Je suis la liberté des théâtres.

POLYCARPE.

Quoi! l'entrée des théâtres sera libre? spectacle gratis tous les jours?

LA LIBERTÉ THÉATRALE.

Non, pas tout-à-fait...

L'AURÉOLE.

Pardon, mesdames; si vous vouliez entrer un instant chez moi?... je vous offrirais un siége...

LA LIBERTÉ POLITIQUE.

Nous n'avons pas le temps de nous reposer...

AIR du vaudeville de la Haine d'une femme.

On nous attend, c'est inutile,
Nous ne pouvons nous arrêter,
Car nous avons plus d'un asile,
Plus d'un pays à visiter...
Nous commençons de longs voyages,
La fortune n'a qu'un instant;
Déjà sur de lointains rivages,
Pour apaiser bien des orages
On nous attend, on nous attend!
Le peuple souffre, il nous attend...
On nous attend, on nous attend!

SCENE V.

LES MÊMES, BIFFARD. (*Il arrive éperdu, comme poursuivi, et ayant son chapeau entouré de cocardes de toutes couleurs.*)

BIFFARD, *à la cantonade.*

C'est bien contre mon gré que je reviens au milieu de toi, peuple d'athées, de jacobins, de révolutionnaires!

L'AURÉOLE.

Ah! c'est M. Biffard, l'ex-censeur...

BIFFARD.

Qui m'a nommé? Chut!... je ne suis plus censeur...

LA LIBERTÉ THÉATRALE.

Je l'espère.

BIFFARD.

Ah! c'est vous, mon cher historien!

L'AURÉOLE.

Comme vous voilà arrangé...

BIFFARD.

Ne m'en parlez pas, mon ami... Depuis six mois je fais le tour de l'Europe pour trouver un peuple comme je les aime... Partout des constitutions ou le cholera morbus... Je cours encore...

L'AURÉOLE.

Mais vous avez là des cocardes de toutes les façons!...

BIFFARD.

Il l'a bien fallu, pour passer... Sans cela, j'aurais été lapidé... Mais quelles sont ces dames?...

LA LIBERTÉ POLITIQUE.

Vous ne nous reconnaissez pas?

BIFFARD.

Je n'ai pas l'honneur...

LA LIBERTÉ THÉATRALE.

Je fus cependant ta prisonnière assez long-temps!...

BIFFARD.

Sainte censure!... ce sont des Libertés!... Monstres femelles, par où donc êtes-vous revenus ici?... Je vous ai laissés en Pologne, il y a dix jours. C'est donc le diable qui vous prête son équipage?...

LA LIBERTÉ THÉATRALE.

C'est que nous avons des ailes, et que tu n'as plus de ciseaux...

BIFFARD.

Mais enfin, il faut bien des censeurs pour protéger la monarchie...

LA LIBERTÉ POLITIQUE.

Aujourd'hui la France en a une qui sait bien se protéger toute seule.

BIFFARD.

Mais les théâtres?

LA LIBERTÉ THÉATRALE.

Ils n'ont plus qu'un seul censeur.

BIFFARD.

Un seul!... Il doit avoir une belle place.

LA LIBERTÉ THÉATRALE.

Elle est purement honorifique; et cependant il exerce tous les jours : c'est le bon sens public.

BIFFARD.

Je ne le connais pas.

LA LIBERTÉ THÉATRALE.

Demande à *Mingrat* du Cirque, à l'*Urbain Grandier* de l'Odéon, si ses arrêts sont justes.

BIFFARD.

Quoi?... on avait osé mettre Mingrat, Urbain Grandier sur la scène!... Je reste anéanti...

LA LIBERTÉ THÉATRALE.

Tu en verras bien d'autres!...

BIFFARD.

Jamais.

LA LIBERTÉ THÉATRALE.

Ils vont paraître devant toi; que ce soit là ton supplice. (*d'un ton emphatique.*) Toi qui depuis deux mois sur tous les théâtres livres de grands combats ou chantes de petits airs, parais! (*Elle donne un coup de la palme qu'elle tient à la main; bruit d'orchestre.*)

SCENE VI.

LES MÊMES, BONAPARTE, *arrivant par une trappe. Il est représenté par un enfant et porte la redingote grise et le petit chapeau.*

BIFFARD, *épouvanté.*

Que vois-je? l'usurpateur! Ah! comme il est rapetissé!

LA LIBERTÉ THÉATRALE.

C'est que c'est le Bonaparte de nos théâtres.

L'AURÉOLE.

Il est plus grand dans l'histoire.

LA LIBERTÉ POLITIQUE.

Il le serait plus encore s'il avait toujours été de nos amis.

BONAPARTE, *désignant Biffard.*

Quel est cet homme?

L'AURÉOLE.

Sire, c'est monsieur Biffard, un ex-censeur.

BONAPARTE.

Qu'on lui donne un Napoléon et qu'on le mette à la porte.

BIFFARD.

Bah!

L'AURÉOLE, *à Biffard.*

Eh bien! qu'en dites-vous?

BIFFARD.

Je reconnais parfaitement la redingote et le chapeau, mais l'homme...

L'AURÉOLE.

Silence! il va parler.

BONAPARTE, *sans faire attention aux autres interlocuteurs.*

Maréchal, écrivez... c'est de l'histoire. Sir Hudson Lowe est une... non est un... vous m'entendez... écrivez, c'est de l'histoire. (*Il prend une prise de tabac dans son gilet.*)

L'AURÉOLE.

Bravo! bravo! sire. Je me permettrai seulement de vous faire observer au nom de l'histoire que, quoi qu'on ait dit, vous n'avez jamais pris de tabac dans la poche de votre gilet, ce qui est malpropre et anti-historique.

BONAPARTE.

Je n'en fais pas d'autres cependant à l'Ambigu-Comique.

BIFFARD.

C'est à l'Ambigu-Comique qu'on le voit?

LA LIBERTÉ THÉATRALE.

Partout.

AIR du Vaudeville des Élèves peintres.

Nous en avons du héros qu'on renomme,
Chacun sera servi selon son goût.
En voulez-vous, du vainqueur, du grand homme?
On peut choisir, on en a mis partout.

Au Vaudevill', lieut'nant d'artillerie,
Il fait l'amour; et puis dix ans après,
Consul, il vient débiter en furie
De triste prose et de mauvais couplets.

Aux Variétés, (quel esprit ça dénote!..)
Au dénou'ment, soudain monsieur Cazot
Paraît, s'élanc'.... montre sa redingote,
Puis il s'en va sans avoir dit un mot.

A Ventadour, en vain il se démène,
Il vient trop tard, car son rôle est très court.
Mais qu'il est doux de voir le prince Eugène
Chanter avec monsieur de Caulincourt!

A Saint-Martin, vainqueur on le proclame....
Si le public lui fit un bon accueil,
C'est que l'on aime un héros qui déclame
Ou qui bredouille en clignotant de l'œil.

A l'Ambigu si le hasard nous mène,
Quel beau spectacle à nos yeux est offert!
Bien qu'en Égypte on n'ait pas mis la scène,
On croit le voir traversant le désert.

Aux Nouveautés, écolier de génie,
C'est en bas bleus qu'on voit Napoléon;
Puis il s'en va, quand la pièce est finie,
Mettre un bérêt et passer un jupon.

Chez Franconi, la foule se rassemble
Pour l'admirer sur son beau cheval blanc:
Là, Bonaparte en rien ne se ressemble,
Mais le cheval est assez ressemblant.

Au paradis la Gaité nous transporte,
Saint Pierre est là, qui, barbu comme un bouc,
A l'empereur, du ciel ouvre la porte,
Et bêtement laisse entrer son mamlouck.

D'son habit, d'son chapeau, d'sa tournure,
De toutes parts on vient nous obséder;
Ce n'est pas tout: pour combler la mesure
Voilà son fils qui vient lui succéder.

Nous en avons du héros qu'on renomme;
Chacun sera servi selon son goût...
En voulez-vous, du vainqueur, du grand homme?...
On peut choisir, on en a mis partout.

BIFFARD.

Comment! c'est une femme qui aux Nouveautés fait Napoléon? et ressemble-t-elle?

L'AURÉOLE.

Elle ressemble parfaitement... à mademoiselle Déjazet.

LA LIBERTÉ THÉATRALE.

Il ne s'agit plus d'un grand homme maintenant, mais d'un homme terriblement célèbre. Paraissez, monsieur de Robespierre!

(*Bruit d'orchestre.*)

SCÈNE VII.

LES MÊMES, ROBESPIERRE, *arrivant par la même trappe.*

BIFFARD.

Ah! celui-là, c'est trop fort.

LA LIBERTÉ THÉATRALE.

Pourquoi? n'appartient-il pas aussi à l'histoire?

BIFFARD.

Oh! de mon temps, comme j'aurais... (*il fait le geste de couper.*) La pièce est-elle bonne au moins?

LA LIBERTÉ THÉATRALE.

Mais... fort originale: les auteurs ont représenté Robespierre poltron et royaliste.

BIFFARD.

Royaliste! quelle insolence! Adieu, j'en ai trop vu. (*à Robespierre.*) Adieu, scélérat. (*à Bonaparte.*) Adieu, tyran.

BONAPARTE.

Adieu, imbécile.

(*Il sort, on entend des coups de fouet.*)

SCENE VIII.

LES LIBERTÉS, L'AURÉOLE, LE POSTILLON.

L'AURÉOLE.

Il a déjà pris la poste; mais non, c'est le postillon de la malle qui arrive.

LE POSTILLON, *entrant.*

AIR : *clic, clic, clac, clac.*

Clic, clic, clac, clac, depuis une année,
Ah! j'ai tant trotté
Que j'en suis vraiment éreinté.
Clic, clic, clac, clac, quelle destinée!
Souvent cahoté,
Jamais fêté,
Toujours crotté!
A mes brav's voyageurs l'histoire
Peut bien offrir un logement,
Car ils sont tout couverts de gloire,
Et moi couvert, voyez comment!
Clic, clic, clac, clac, depuis une année, etc.

L'AURÉOLE.

Eh! d'où venez-vous donc, mon cher courrier? il y a un siècle qu'on ne vous a vu.

LE POSTILLON.

C'est que depuis cinq mois je n'ai pas dételé, corbleu! Les voitures publiques ne se plaindront pas de la révolution; si elles ont figuré dans les barricades, ça ne leur a pas porté malheur. Roulent-elles depuis quelque temps! les députations, les destitutions, les nominations!... La France a l'air de jouer aux quatre coins.

LA LIBERTÉ THÉATRALE.

En êtes-vous donc fâché?

LE POSTILLON.

Oh! moi, je n'ai pas donné dans le menu voyageur; j'ai été tout-à-fait messagerie royale, car je n'ai voituré que des rois, oui, des rois, et nous ne flânions pas sur la route; ils étaient pressés, car ils voyageaient par ordonnance du peuple... changement de domicile pour raison de santé... Il faut avouer qu'il y a des positions de conducteurs qui sont cocasses.

Air de la Monaco.

J'ai jusqu'à Gand m'né l'auteur de la Charte,
Quand il fit son voyag' d'agrément;
Jusqu'à Roch'fort j'ai conduit Bonaparte;
Puis à Cherbourg, l'ancien gouvernement.
Sur la supplique
Du roi flamand,
J'ai d'la Belgique
Emporté sa boutique;
De Varsovie,
Un beau matin,
Jusqu'en Russie
J'escortai Constantin!

D'Alger à Livourne, et d'Leipsik à Mayence,
En ai-je conduit des princ's dépaysés?
Les rois entr'eux font une contredanse,
Et l'peuple est là, qui dit : chassez-croisez!
Enfin, en somme,
Chaqu' majesté
M'vit près d'ell' comme
Un fidel' gentilhomme:
De Dresde à Rome
J'en ai tant transporté,
Que l'on me nomme
Croqu' mort d'la royauté!
Tra, déri, déra, la la.

(*Il danse jusqu'à la fin de la ritournelle.*)

LA LIBERTÉ POLITIQUE.

Je sais cependant que vous n'êtes pas revenu seul.

LE POSTILLON.

J'ai ramené...

L'AURÉOLE.

Encore des rois?

LA LIBERTÉ POLITIQUE.

Non; ceux qui sont partis ne reviendront plus. Il a ramené des hommes...

LE POSTILLON.

Et des fameux!... un Polonais, un Espagnol, un Belge, un Suisse.

LA LIBERTÉ THÉATRALE.

Une députation de l'Europe envoyée pour féliciter les braves Parisiens.

LE POSTILLON.

Et leur souhaiter une bonne année; c'est pour eux que je cherche un hôtel garni.

L'AURÉOLE.

Nous avons l'hôtel des Quatre-Nations, ça fait l'affaire.

LA LIBERTÉ POLITIQUE.

L'hôtel des Quatre-Nations! qu'ils se gardent bien de s'y présenter!

LE POSTILLON.

Et pourquoi ça? ce sont de braves gens qui ont défendu leur pays de leur plume et de leur épée.

LA LIBERTÉ POLITIQUE.

Avez-vous donc oublié l'outrage fait à l'orateur que pleure encore la France? l'hôtel des Quatre-Nations!

AIR du Vaudeville du jour des Noces.

On trouve là quarante locataires,
Pour qui souvent les lauriers ne sont rien;
Ils ont été bien injustes naguères
Envers un grand et noble citoyen.
Son nom semblait présager sa victoire...
Mais par ces mots on arrêta ses pas...
Quel est ton titre?... Il répondit : la gloire!
Et le concierge a dit : On n'entre pas....

Près de nous du moins toutes les gloires sont admises... qu'ils viennent !... (*Le postillon les introduit et sort.*)

SCENE IX.

LES MÊMES, UN POLONAIS, UN BELGE, UN ESPAGNOL, UN SUISSE. (*Ils entrent en se tenant par les mains.*)

LA LIBERTÉ POLITIQUE.

Enfans! approchez-vous sans crainte : je suis la Liberté...

TOUS.

La Liberté!

LE POLONAIS, *s'avançant avec émotion.*

Toi! la Liberté!... toi depuis si long-temps proscrite dans mon pays!

AIR : *Liberté sainte, après trente ans d'absence.*

O liberté! qu'enfin je te contemple!
Viens seconder notre nouvel essor....
Quand nous avons suivi leur noble exemple,
Faut-il combattre et succomber encor?

Un peuple entier et t'invoque et te prie,

(*Il tombe à genoux.*)

Ce sont tes fils.... oui, tu les reconnais;
Rends-nous nos droits, rends-nous notre patrie.
Ah! viens à nous! (*bis.*) nous sommes Polonais.

LA LIBERTÉ POLITIQUE, *lui tendant la main et le relevant.*

Peuple guerrier! renais à l'espérance;
Que tes vertus soient ton noble soutien!
Tes souvenirs sont palpitans en France;
Notre étendard fut si long-temps le tien.
Si par le sort vos légions trahies
Devaient céder sans espoir de succès...
Vous le savez... vous avez deux patries....
Venez à nous! (*bis*) nos anciens Polonais!

SCENE X.

LES MÊMES, **MICHEL**, *le bras en écharpe.*

MICHEL.

Eh! c'est moi, mes amis!.. Michel, garçon imprimeur!.. Je viens d'apprendre votre arrivée, et j'ai le droit de fraterniser avec vous, car je suis un blessé de juillet.... (*il leur donne la main.*) (*au Polonais.*) Ah! çà.... c'est donc vrai que le vôtre... est parti aussi pour.... Rambouillet!!.

AIR : *Contentons-nous d'une simple bouteille.*

C'est étonnant... c'est la chasse aux couronnes.
Vraiment de peur tous les rois sont transis.
La liberté, secouant tous les trônes,
Fait trébucher les gens les mieux assis.
Ah! rengaînez vos royales colères,
Grands mirmidons; à quoi bon votre orgueil!
Vous tomberez, si les bras populaires
Ne sont pas là pour caler le fauteuil....

LE POLONAIS.

Soyez le bienvenu....

MICHEL.

Un Belge.... un Polonais!.. Ah! ça fait plaisir à voir... nous sommes frères!

LE POLONAIS.

Oui, frères d'armes!.. n'avons-nous pas reçu ensemble le baptême de sang à la Moskwa et à Lutzen?...

LE BELGE.

En Italie et en Espagne!..

LA LIBERTÉ POLITIQUE.

La France ne vous désavouera pas! (*à l'Espagnol.*) Enfant de l'Espagne, pourquoi sembles-tu nous fuir?..

L'ESPAGNOL, *avec tristesse.*

Comme eux j'ai combattu pour la patrie; mais, comme eux, je n'ai point vaincu....

MICHEL.

Qu'importe?

LA LIBERTÉ POLITIQUE.

La gloire est dans la cause et non dans le succès.

MICHEL.

Tout l'monde en veut de c'te liberté; voyez ce brave Suisse que voilà... eh bien! ses compatriotes voulaient aussi nous empêcher d'en goûter....

AIR : *Restez, restez, troupe jolie.*

Il s'pass' des choses bien comiques;
On a vu (l'histoir' le dira):
Trois mill' caruques helvétiques
V'nir dans Paris crier: houra!
On s'en souvient, n'parlons plus d'ça!
Ces Suiss's ont-ils perdu la tête,
D'la liberté sont-ils jaloux?
Chez eux voilà qu'ils lui font fête,
Quand ils la canardaient chez nous....

Ils en auront; nous en aurons!... tout le monde en aura!... Ainsi, donnons-nous la main et jurons-nous amitié....

LA LIBERTÉ POLITIQUE.

AIR : *Merveilleuse dans ses vertus.*

Peuples, accourez sans retard,
Ralliez-vous à ma bannière:
Un jour verra l'Europe entière
Marcher sous le même étendard!...

(*au Belge.*) Déjà la noble Belgique
A vu s'accomplir son sort...
(*au Polonais.*) Et vous, d'un joug despotique
Triomphez, Français du Nord!

Partout, de canton en canton,
On me proclame en Helvétie,

Et l'Allemagne et la Russie
Tout bas ont répété mon nom !...

Oui, vers ce peuple d'esclaves
Je prendrai bientôt mon vol :
La cendre de nos vieux braves
A fertilisé leur sol...

En Espagne bientôt j'irai,
Et foulant aux pieds ses reliques,
Je veux par des lauriers civiques
Anoblir son front tonsuré.

Oui, l'Italie elle-même,
Retrouvant ses anciens dieux,
Posera son diadème
Sur mon front victorieux !

A Naple on entend aujourd'hui
Mugir le Vésuve en colère;
Mais là, le volcan populaire
Pourrait éclater avant lui...

Brisant de saintes entraves,
Peut-être un jour ce volcan
Ira répandre ses laves
Jusqu'au pied du Vatican.

Première arme du citoyen,
Déjà, dit-on, dans chaque rue,
A Milan, le pavé remue
Sous les pas de l'Autrichien !

La liberté protectrice,
A l'abri de sages lois,
Doit devenir la tutrice
Et des peuples et des rois !

Peuples, accourez sans retard,
Ralliez-vous à ma bannière;
Un jour verra l'Europe entière
Marcher sous le même étendard. (3 *fois.*)

(*On entend la ritournelle du chœur suivant.*)

Quel est ce bruit?...

L'ANATOLE.

Je ne me trompe pas... c'est l'année 1830 qui vient nous faire ses adieux.

MICHEL, *regardant à sa montre.*

C'est possible, car il est bientôt minuit à mon oignon...

SCENE XI.

LES MÊMES, L'AN 1830, SAINT SYLVESTRE, CORTÉGE.

(L'année 1830 est représentée avec les insignes de la Liberté; elle porte au-dessus de la tête un écriteau sur lequel on lit : *Second semestre.* Saint Sylvestre est en habit fourré, les jambes nues; il n'a pour chaussure que des socques; il porte un manchon, et semble grelotter; 1830 est porté en triomphe au milieu du cortége.)

CHOEUR.

AIR : *De monsieur Jean que le bonheur s'apprête!* (de Jean de Paris.)

Reconduisons! (*bis.*)
Reconduisons, cette année expirante!
Embellissons
Le dernier jour de l'an mil huit cent trente.

LA LIBERTÉ POLITIQUE *à* 1830.

Soyez la bienvenue au milieu de nous, respectable année, ne sommes-nous pas vos enfans?..

L'ANNÉE 1830.

J'espère que mes enfans vivront plus long-temps que moi... voici mon dernier jour...

LA LIBERTÉ THÉATRALE.

Vous pouvez retourner au ciel, la France ne vous oubliera pas...

L'AURÉOLE.

Non, certes... j'ai écrit votre histoire...

MICHEL.

Touchez là, brave femme... Si vous avez mal commencé, vous pouvez vous vanter d'avoir diablement bien fini.

L'ANNÉE 1830.

C'est vrai; je n'ai radoté que dans ma jeunesse... C'était un ton de cour que je me donnais; mais j'espère qu'on ne se souviendra que de ma seconde moitié. Allons, mes enfans, faites-moi vos adieux!.. il faut que je parte.

LA LIBERTÉ POLITIQUE.

Du moins, bonne mère, nous vous offrirons notre voiture... (*Elle fait un signe et la Gloire descend.*)

MICHEL.

A la bonne heure!.. partez dans votre gloire...

SAINT SYLVESTRE, *offrant la main à* 1830.

Permettez, ma respectable amie....

MICHEL.

Tiens... Qu'est-ce que c'est que cet individu-là !... il a l'air de sortir du quai des Morfondus.

SAINT SYLVESTRE.

Je vous avoue que je n'ai guère chaud !..

AIR : *Et voilà comme tout s'arrange.*

Je ne viens jamais ici-bas
Que pour suivre l'an qui s'esquive ;
Le vent, la neige et le verglas
Sont toujours là lorsque j'arrive....
Hélas ! mes instans sont bien courts ;
Je finis le second semestre ;
Je ne connais point de beaux jours...
De froid je grelotte toujours....
Je suis l'bienheureux saint Sylvestre ! (*bis*).

LA LIBERTÉ THÉATRALE.

Saint Sylvestre... l'écuyer cavalcadour de toutes les années qui s'en vont.

SAINT SYLVESTRE.

Et qui part avec elles...

MICHEL.

Oui, pour ne pas donner d'étrennes au jour de l'an. (*Minuit commence à sonner.*)

L'ANNÉE 1830.

Minuit !... Adieu, mes enfans.... adieu... La nouvelle année va naître... je pars... (*Elle se dirige, conduite par saint Sylvestre, vers la Gloire ; en se retournant elle laisse voir la partie postérieure de son costume, qui représente une béguine ; on lit de ce côté de l'écriteau :* Premier semestre.)

TOUS

AIR : *Grace au vent.*

A nos yeux,
Tous les deux
Montez aux cieux !
Nos vœux,
Et nos regrets
Et nos souhaits,
Acceptez-les.
Car désormais,
Jamais
Si belle année
Ne nous sera donnée,
Et nos neveux,
Libres, heureux...
Vous chanteront,
Vous béniront !

Mais que voyons-nous là?
Quoi!... c'est l'autre déjà....
Oui, la voilà!... oui, la voilà!
Mais qui de nous l'éveillera?

Régnez, gentille année,
Sur notre destinée;
Nous sommes tous
A vos genoux!
Réveillez-vous! réveillez-vous!

(La Gloire s'élève emportant l'année 1830 et saint Sylvestre, et l'on aperçoit la jeune année 1831 qui sommeille encore sous un trophée de drapeaux tricolores. Mathieu Lænsberg est auprès d'elle..... Des groupes de femmes à genoux semblent attendre son réveil; des gardes nationaux, des marchands de jouets, des marchandes d'oranges garnissent le théâtre, qui représente un paysage riant. Quand l'année 1830 est près de disparaître, Mathieu Lænsberg touche de sa baguette l'année 1831, qui se réveille aussitôt.)

SCENE XII ET DERNIÈRE.

LES LIBERTÉS, L'AURÉOLE, L'ANNÉE 1831, MATHIEU LÆNSBERG, MICHEL, LE POLONAIS, L'ESPAGNOL, LE SUISSE, LE BELGE, etc.

L'ANNÉE 1831.

AIR du Vaudeville de Michel et Christine.

Enfin je nais à la lumière.
D'où vient cette douce clarté?
Ah! je reconnais ma bannière:
Ordre public et liberté:
Noble drapeau! quelle douce merveille!
Que j'aime à voir tes brillantes couleurs!
(*aux gardes nationaux.*)
Sois mon appui. Soyez mes protecteurs!
C'est le coq gaulois qui m'éveille.

MATHIEU.

Allons, j'espère que voilà une belle année qui nous arrive...

MICHEL.

Je vous la souhaite bonne et heureuse!...

MATHIEU.

Et accompagnée de plusieurs autres!... Elle le sera... je l'ai prédit... Tenez, mes amis, prenez de mes almanachs.... Prédictions du célèbre Mathieu Lænsberg pour l'année 1831... Je distribue des almanachs à tout le monde.

VAUDEVILLE.

AIR :

Bonne année, bonne année !
Tout l'annonce, tout le dit :
Quelle heureuse destinée
Mathieu Lænsberg nous prédit !

MATHIEU.

On verra tout le présage :
En Russie un tremblement,
A Madrid un grand orage,
A Lisbonne, mêmement.
Bonne année ! etc.

L'AURÉOLE.

Les oisons prendront des douches ;
On n'tondra plus les agneaux ;
On verra bien moins de mouches,
Et pas du tout de corbeaux.
Bonne année ! etc.

L'ANNÉE 1831.

Avant peu, quoiqu'il advienne,
La discorde se taira,
Notre garde citoyenne
Enfin se reposera.
Bonne année ! etc.

MICHEL.

Pendant son cours tutélaire,
Et d'après un nouveau plan,
Nous n'chang'rons d'ministère
Que cinq ou six fois par an.
Bonne année ! etc.

LE SUISSE.

Nos médecins à système
Guériront tous leurs cliens ;
Le Paraguay-Roux lui-même
Guérira du mal de dents.
Bonne année ! etc.

BONAPARTE.

La réglisse pourra naître,
Elle aura peu d'amateurs ;
Car on a vu disparaître
Ses plus grands consommateurs.
Bonne année ! etc.

LA LIBERTÉ DES THÉATRES.

Grace aux soins opiniâtres
Qui protég'nt les constructeurs,
On aura plus de théâtres
Qu'on n'aura de spectateurs.
Bonne année! etc.

MICHEL.

D'après de grands cabalistes,
Vous verrez, je vous le dis,
Une éclipse de carlistes,
Surtout visible à Paris,
Bonne année! etc.

MATHIEU.

Votre illustre camarade,
Le citoyen d'l'âge d'or,
En se dépouillant d'un grade,
Paraîtra plus grand encor.
Bonne année! etc.

POLYCARPE.

Des gloires qui nous sont chères
Le jour bientôt brillera;
Pour nos héros populaires
Le Panthéon s'ouvrira.
Bonne année! etc.

LA LIBERTÉ POLITIQUE, *au public.*

AIR : *Soldat français né d'obscurs laboureurs.*

En célébrant notre prince et nos lois,
En célébrant la gloire de la France,
Nos auteurs ont pu quelquefois
Montrer ici de l'inexpérience.
Par eux l'éloge est rendu faiblement,
Les en blâmer serait leur faire outrage:
L'art de louer s'acquiert péniblement,
Et sous l'ancien gouvernement
Ils n'ont pas fait d'apprentissage. (*bis.*)

CHOEUR.

Bonne année, bonne année!
Tout l'annonce, tout le dit:
Quelle heureuse destinée
Mathieu Lænsberg nous prédit!

FIN.

www.ingramcontent.com/pod-product-compliance
Lightning Source LLC
LaVergne TN
LVHW021715230826
846091LV00006BA/2185
* 9 7 8 2 0 1 2 7 3 5 4 8 4 *